ÉLISÉE RECLUS

LA CHINE

ET

La Diplomatie européenne

PARIS

ÉDITIONS DE L'*Humanité Nouvelle*

15, rue des Saints-Pères, 15

—

1900

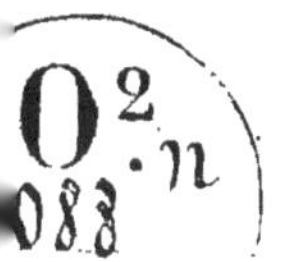

L'Humanité Nouvelle

Revue internationale consacrée aux sciences, aux lettres et aux arts. *l'Humanité nouvelle* embrasse toi les matières accessibles aux esprits préoccupés de culture générale. Sous la direction littéraire et artisti de M. V. Emile-Michelet et sous la direction scientifique de M. A. Hamon, professeur à l'Univer nouvelle de Bruxelles, *l'Humanité nouvelle* occupe une place particulière au premier rang des rev françaises et étrangères.

Voici une partie seulement de ce que *l'Humanité nouvelle* a publié depuis trois ans :

Études sociologiques

L'inégalité naturelle, par **Grant Allen.** — Les théories anarchistes et leurs rapports avec le communisı par **I. Bloch.** — Etapes vers la liberté, par **Edward Carpenter.** — Les dessous économiques de la Ré lution chrétienne, par **A. Chirac.** — Individualisme et individualisme, par **M. Doubinsky.** — Le Tolstoïs et l'Anarchisme, par les **Étudiants Socialistes Internationalistes Révolutionnaires.** — Evolution Darwinisme sociologique, par **C. Fages.** — Congrès de l'Institut international de sociologie, par **M. G.** Le Moyen Age et l'Anarchisme, par **L. Garreau.** — L'Etre social, par **Jean Grave.** — De la définition socialisme, par **A. Hamon.** — L'aide mutuelle dans la cité médiévale, par **Pierre Kropotkine.** — Les mo et leurs initiateurs, par **Pierre Lavroff.** — L'éveil de l'esprit critique, par **Ch. Letourneau.** — La r dans l'étiologie du Crime, par **Cesare Lombroso.** — La question juive, par **Karl Marx.** — La mort sociétés, par **J. Novicow.** — Le droit pur, par **Edmond Picard.** — Etudes sur l'évolution des religi primitives, par **Elie Reclus.** — Pages de sociologie préhistorique, par **Elisée Reclus.** — Les illusions socialisme par **G. Bernard Shaw.** — Quelques objections au matérialisme économique, par **G. Sorel.** Réoccupation de la Terre, par **A. Russel Wallace.**

Études philosophiques

L'hyperpositivisme de M. de Roberty, par **Oscar d'Araujo.** — La Philosophie positive et l'Inconnaissa par **G. De Greef.** — La philosophie du XVIIIe siècle et Malthus, par **Hector Denis.** — L'évolution morale sexe, par **Patrick Geddes** et **G. Thompson.** — Nouvelle éthique sociale dans l'éducation, par **J. Hud Menos.** — Déterminisme et responsabilité, par le **Dr Laupts.** — Bases d'une morale anarchiste, par **D. D. Lum.** — La morale et le socialisme, par **S. Merlino.** — Le droit pur, par **Edmond Picard.** — La r gion, par **L. Ribert.** — L'élite et la foule; Morale et politique, par **E. de Roberty.** — Pourquoi je ne s pas positiviste, par le même. — Le problème moral de la psychologie collective, par **S. Sighele.** — Relig et morale, par le comte **Léon Tolstoï.**

Poésies

Des vers de : **Gabriele d'Annunzio, E. Barnavol, André Benjamin-Constant, Ch. Bourgault-I coudray, Jules Coucke, Hussein Danisch, Gabriel De La Salle, Holger Drachmann, Louis Erna Paul Fort, Iwan Gilkin, E. Jaubert, Anastasius Grün, Marie Krysinska, Friedrich Halm, Pa Armand Hirsch, Doglas Hyde, Henrik Ibsen, Albert Lantoine, Louis Lestelle, Paul Levenga Fiona Macleod, Joann Maragall, Roland de Marès, Tancrède Martel, Dina C. P. Meddor, V.-Em Michelet, S. Nadson, Yvanhoé Rambosson, Mario Rapisardi, Rob. Reinick, José Rizal, Friedr Rueckert, P.-N. Roinard, Francisco Sellen, J. von der Traum, Ludwig Uhland, Emile Verhaer Aug. Vierset, W. B. Yeats.**

Contes, Nouvelles, Théâtres

Souvenirs d'un Communard, par **A. Agresti.** — La Taverne, par **Henri Austruy.** — La Danseuse, **Hermann Bang.** — Les honorables gueux, par **J.-J. Baronian.** — Messaline, par **P. Cossa.** — Souve par **Maurice Des Ombiaux.** — Bon Dieu des Gaulx, par **Jules Destrée.** — Le Petit Jean, par **Fredér Van Eeden.** — Femme de Bretagne, par **Gustave Geffroy.** — Le Vagabond, par **M. Gorki.** — Journée d péager, par **Nathaniel Hawthorne.** — Le Gros lot, drame, par **Gunnar Helberg.** — Le cœur d'Archy par **Léon Hennebicq.** — Madame Fonss, par **J.-P. Jacobsen.** — Au cœur frais de la forêt, par **Cam Lemonnier.** — Mémoires d'un porteur de torches, par **Roland de Marès.** — Au nom de la loi, par **M chtet.** — Exsurgat vita, par **Jacques Mesnil.** — Holwenniout, par **V. Emile-Michelet.** — L'inaperçu, **Louis Mullem.** — Le spectre, par **Zabel Ohanessian.** — Récits de ma grand'mère, par **André Petchers** — En réunion électorale, par **Paul Pourot.** — Nydia, par **A. de Rampan.** — La Faim, par **Gabriel Rand** — Maguelonne, par **L.-Xavier de Ricard.** — Au pays des moines, par **José Rizal.** — Les pleurs d'Hadri par **Robert Scheffer.** — Dans une chapelle en ruines, par **Olive Schreiner.** — Les déclassés, par **Si riak.** — La Tour d'Ivoire, par **M. de Valcombe.**

Études littéraires, musicales et artistiques

Le pittoresque musical à l'Exposition, par **Ed. Bailly.** — Naturalisme et naturisme, par **L. Bazalge** — G. Rodenbach, par **Jules Coucke.** — A propos de l'Art et la Révolution, par **E. Cammaerts.** — H man Bang, par le vicomte de **Colleville** et **Fritz de Zepelin.** — Tolstoï et ses traducteurs, par **E. Cros** — Réformes littéraires en Turquie, par **Hussein Danish.** — Le Charitable Crime, par **L. Dumont-Wild** — L'Œuvre de G. Eekhoud, par **G. Fuss.** — Une visite au sanctuaire d'Olympie, par **Léon Hennebicq.** L'architecture de demain, par **L. Hennebicq, V. Horta** et **Van den Borren.** — Stéphane Mallarmé, **Albert Lantoine.** — Médaillons, par **C. Lemonnier** et **V. Emile-Michelet.** — Le mouvement littéraire artistique en Roumanie, par **N. Pétrascu.** — L'Architecture à l'Exposition, par **Les deux Polti.** — La je littérature tchèque, par **Prochazska.** — Contribution à l'histoire des Lettres françaises en Belgique, **Georges Ramækers.** — La littérature russe, expression de la vie russe, par **E. S.** — Les débuts de la li rature américaine, par **A. Schalck de La Faverie.** — Un artiste ignoré, le peintre Le Marcis, par **H Ryner** et **Georges Lanoë.** — L'évolution de la peinture du paysage en Belgique, par **Ch. Van den B ren.** — Chroniques littéraires, par **Henry Fèvre, Léon Hennebicq, Albert Lantoine, Louis Dumo Louis Ernault** et **Roland de Marès.** — Chroniques artistiques, par **L. Dumont, P.-A. Hirsch, Lé Henneb Jean Dolent, Jean Schmitt, Mario Pilo, V. Emile-Michelet.** — Chroniques musicales, **Edmond Bailly.** — Chroniques théâtrales, par **Judith Cladel, G. Polti.**

Études économiques, politiques et sociales

Aperçus sur la situation aux Etats-Unis; Socialisme et grèves aux Etats-Unis, par **Americus.** — La fé ration australienne, par **J.-A. Andrews.** — Trade unionisme, mutualisme et néo-coopératisme, **A.-D. Bancel.** — Situation économique de l'Europe au début de 1898, par **Aug. Chirac.** — Le Cong général du parti socialiste français, par **C. Cornelissen.** — La question agraire et les systèmes économiqu par **Henri Dagan.** — Les réformes en Turquie et le Parti Jeune Turc, par un **Diplomate.** — Les com gnies de discipline, par **Dubois Dessaulle.** — Le système électoral et les élections en Belgique, **Hermann Dumont.** — Le sultan illégitime et Mourad V, par **Albert Fua.** — Comment le Gouv nement prussien fait les élections, par **H. de Gerlach.** — Essais sur la monnaie, le crédit et banques, par **G. De Greef.** — Pierre Lavroff, par **M. G.** — Finlande et Russie, par **Léon Denis.** Les élections en Belgique, par **P. Deutscher.** — A propos du désarmement; le Congrès général

ÉLISÉE RECLUS

LA CHINE

ET

La Diplomatie européenne

PARIS

ÉDITIONS DE L'*Humanité Nouvelle*

15, rue des Saints-Pères, 15

1900

LA CHINE

ET

LA DIPLOMATIE EUROPÉENNE

« Le monde penche à l'Orient », disait Victor Hugo, mais à une époque où l' « Orient » était seulement celui des *Orientales*. Actuellement la parole du poète a pris un sens plus étendu et plus profond. Le manque d'équilibre, qui tant de fois fit pencher la terre de côté et d'autre comme une déesse ivre, l'incline maintenant vers l'Extrême Orient, vers les contrées qui ont conservé le plus longtemps leurs institutions vieillies et dont la civilisation présente le contraste le plus violent avec celle de l'Europe occidentale.

Car la vraie cause des révolutions chinoises et des grands changements qui se préparent gît bien certainement dans ce contraste des deux cultures. De même que l'eau, l'idéal humain cherche son niveau : il tend à se réaliser dans toutes les parties du monde, sinon de la même manière, puisqu'il lui faut s'accommoder aux milieux différents, du moins suivant une méthode analogue et conformément aux mêmes principes. « Vérité en-deçà, erreur au-delà des Pyrénées », cet adage fut vrai quand les montagnes étaient des obstacles infranchis, quand les voies de communication n'avaient pas étendu leur réseau sur le pourtour de la planète, quand les dieux et les rois se partageaient encore les hommes en troupeaux distincts les uns des autres : mais le contraste n'est plus absolu comme autrefois d'une rive d'un fleuve à l'autre ou d'un parvis de cathédrale à la cour d'une mosquée. La science qui naît est nécessairement la même pour tous, et grâce à elle l'égalisation de vérité se fait pour tous les hommes : on calcule, on raisonne suivant une méthode qui ne change point ; ce que le savant observe dans les étoiles, dans le corps humain ou dans la fleur, se contrôle par les mêmes procédés chez les Européens et chez leurs antichthones ; ce que le mécanicien combine et construit doit en tout pays se conformer aux mêmes lois pour la résistance des matériaux et pour le développement de l'énergie. La vérité devient une par toute la Terre à mesure que la civilisation prend un caractère scientifique, et c'est pour cela que le reflux de l'Occident vers l'Orient doit fatalement se produire.

Les événements guerriers, toujours plus bruyants que la pénétration pacifique des idées, attirent surtout l'attention des hommes. Aussi répète-t-on volontiers que les canons anglais, lors de la guerre de l'opium, ont pour la première fois ouvert la Chine à la civilisation européenne ; mais ce n'est là qu'une forme de langage : les entretiens dans les ports et dans les marchés, l'écho des nouvelles qui se transmettent de monde à monde, les productions industrielles, les fragments de journaux, enfin les livres explicites, compris par quelques-uns et agissant indirectement sur tous, tels furent les vrais agents du rapprochement entre les races. On dut bien le constater lorsque, en 1848, année révolutionnaire en Asie comme en Europe, éclata spontanément la formidable insurrection des Taïping, résultat d'une poussée profonde des masses dans le sens de l'égalisation mentale avec l'Europe, puisque ses actes officiels affectaient le même langage que celui des « diables étrangers ». Toutefois il va sans dire que la pénétration des idées européennes doit être beaucoup plus lente parmi les centaines de millions d'hommes qui peuplent la Chine que chez les Japonais, dix fois moins nombreux et beaucoup plus accessibles, grâce à la nature insulaire de leur domaine. Le progrès de la transformation se fait en proportion de la masse.

Mais si la cause profonde des événements de la Chine doit être cherchée dans la tendance normale à l'égalisation entre les civilisations contrastantes, la trop grande âpreté des industriels d'Europe pour la conquête des marchés de la Chine a certainement déterminé la soudaine explosion. A un moment donné, une sorte de folie s'est emparée des puissances européennes : chacune voulant un morceau du Céleste Empire, on s'apprêtait à le dépecer comme un animal abattu. Les principaux instigateurs du partage réclamaient à tout prix une extension de leur zone d'exploitation : il leur fallait de nouveaux marchés pour la production croissante de leurs étoffes, de leurs boissons, de leurs machines et de leurs armes; les marchands de dynamite, de lyddite, d'explosifs de toute nature, de canons et de cartouches, eux qui, de tous les grands usiniers, sont de beaucoup le plus en faveur auprès des gouvernements, exigeaient qu'on leur ouvrît des marchés nouveaux pour y vendre leurs instruments de mort, dût-on même s'en servir contre leurs propres compatriotes, à supposer du moins que des commerçants puissent avoir une patrie. Il leur fallait les 350 millions d'habitants de la Chine, à la fois comme consommateurs et comme travailleurs à bas prix, car le monde est devenu petit, et les usines vont se dresser en foule sur les bords du Hoang-ho et du Yang-tse, comme on les voit aujourd'hui sur la Clyde et la Mersey.

Ce n'est pas tout, il s'agissait aussi d'exporter des hommes. Les grandes écoles ont à écouler leurs excédents d'élèves, géologues, chimistes, mineurs, ingénieurs et contremaîtres ; elles demandent la concession d'entreprises fructueuses qui permettent d'employer tous les diplômés que l'on fabrique annuellement par centaines et par milliers. Enfin les gouvernements eux-mêmes, pressés par les gros et petits bourgeois qui veulent des places, des places, des places ! cherchent à caser leurs couvées grossissantes de fonctionnaires, attachés et mandataires. Toutes ces invasions de parasites... car il faut payer tout cela sous mille formes, ne peuvent qu'exaspérer les Chinois et l'on ne saurait s'étonner qu'ils aient enfin tenté d'y mettre un terme. A Péking, la foule armée a certainement massacré des Européens, — diplomates et autres ; — ailleurs des missionnaires ont été égorgés ; des vengeances depuis longtemps préparées ont pu s'assouvir enfin. Certes, toute tuerie, tout bain de sang nous paraît chose horrible ; mais, à part les rares travailleurs égarés dans cette foule, à part les médecins, les savants, quelques ouvriers, combien parmi ceux qu'a frappés la haine populaire pourraient consciencieusement se rendre le témoignage qu'ils furent les amis et bienfaiteurs des Chinois ?

D'autres causes que la juste rancune contre les insolences récentes ont contribué à lasser la patience des « Enfants de Han », quoiqu'ils soient la nation la plus endurante de la Terre. Un des sujets de mécontentement les plus sensibles provient de l'outrecuidance des missionnaires, catholiques et protestants, qui, non contents de prêcher leurs croyances, ce qui est leur droit, interviennent encore dans les affaires du commerce, de la finance, de la politique, et par un raisonnement absurde prétendent en même temps aux honneurs et à la persécution ! Il leur faut à la fois de bons salaires et des dommages-intérêts. Comme chrétiens, ils ambitionnent la « couronne du martyre » ; comme Anglais, Français ou Allemands, ils demandent vengeance pour le moindre grief et menacent de faire punir chaque coup de pierre par un coup de canon. Pourtant, ainsi que le dit un vieux proverbe fort juste : « Donner et retenir ne vaut. » Comme prédicateurs de l'Evangile, « porteurs de la bonne nouvelle », ils se prétendent simples « enfants de Dieu » ; mais, dès qu'ils ont été lésés ou se plaignent de l'avoir été, les voilà soudain qui se redressent comme « diables étrangers ».

A eux tous, les missionnaires d'Europe et d'Amérique dépassent 1.500 individus, sans compter les religieuses, les catéchistes, les femmes de pasteurs (1). Les catholiques, installés dans le pays depuis trois siècles, ont ensemble près de cinq mille églises et chapelles. On les rencontre non seulement dans les ports et le voisinage de la côte, mais au loin dans l'intérieur, jusqu'en Mongolie et sur les frontières du Thibet. Partout des communautés de chrétiens indigènes sont éparses au milieu des foules, qui continuent de pratiquer le culte des ancêtres et les rites d'origine diverse, constituant à la fois la religion et le cérémonial. Des conversions directes à la foi chrétienne ont été rarement obtenues par la propagande d'homme à homme : c'est d'ordinaire par l'achat des enfants en temps de famine et d'épidémie que les prêtres missionnaires ont pu se constituer un noyau de fidèles élevés par eux et dressés en dehors de la société ambiante. Les missionnaires catholiques, suivant la tradition de notre Occident, ont aussi le grand souci de conquérir les femmes à leur foi afin d'obtenir ainsi la domination des familles, et dans cette œuvre de conversion les objets de toilette et les bibelots leur sont d'un grand secours. Comme leurs éducateurs, tous les Chinois convertis, au nombre d'environ 550.000, tous ces adorateurs de croix et chanteurs d'oraisons latines sont tenus pour des étrangers et c'est toujours par eux que commencent les massacres. Les ministres protestants, anglais et américains, n'ont que peu de prosélytes autour

(1) En 1899, la seule ville de Changhaï hébergeait 145 missionnaires protestants : on en comptait 304 dans les deux provinces de Kiangsou et de Nganhoeï.

d'eux : à peine 25.000, nous dit-on. Mais plus riches que leurs confrères papistes, ils ont un plus nombreux personnel domestique et se gèrent assez volontiers en seigneurs, se réclamant de la protection toute spéciale des mandarins. On les flatte en proportion de leur influence auprès des grands, mais on voit aussi en eux des ennemis et l'on attend, sans se presser, le moment propice pour la vengeance.

A ces étrangers, convertisseurs de toute robe et de toute provenance, sont venus récemment se mêler d'autres étrangers, constructeurs de télégraphes et de voies ferrées. Les Chinois ne pouvaient que les accueillir avec méfiance. Ils redoutent à bon droit ces Européens qui arrivent chez eux avec théodolites, chaînes et jalons, accompagnés de contremaîtres et de soldats, tous ignorant la langue et n'en donnant pas moins des ordres, parfois les appuyant de coups de canne. Les habitudes de violence et de brutalité se gagnent facilement chez ceux qui se savent les maîtres. Or, les ingénieurs, qu'un concert unanime de voix avait salués, à leur départ d'Europe, du titre de « pionniers de la civilisation » et que les emprunts des compagnies avaient munis d'amples ressources financières, paraissent avoir procédé avec un étonnant sans-gêne : au lieu de chercher à connaître les mœurs des habitants, leurs traditions, leurs besoins, et d'avoir consulté les communes de paysans, qui sont absolument souveraines en Chine pour leur administration locale, ils ont dirigé leurs entreprises en maîtres irresponsables, dessinant leurs tracés sans autre préoccupation que celle des facilités de construction et des avantages commerciaux. Cependant même en Europe, où ils sont couverts par les ordres d'un gouvernement centralisé, il leur faut tenir grand compte des intérêts en conflit qui mettent aux prises les diverses communes et les propriétaires des terrains qu'ils traversent. En Chine, ils allaient de l'avant comme si la terre leur eût appartenu, et l'on nous dit que de toutes parts s'élevaient des plaintes au sujet de la brutalité inconsciente avec laquelle ils traçaient leur voie à travers collines, fleuves et marais, sans consulter les assemblées des pères de la commune. Les paysans chinois, établis depuis quatre mille ans sur le sol qu'ils cultivent avec tant d'amour, l'ont épousé pour ainsi dire ; ils croient en connaître toutes les influences secrètes, toute la vie intime ; naturellement ils mêlent le résultat de leur expérience au culte superstitieux des génies, et l'action qu'ils attribuent au *Feng-chovi*, c'est-à-dire « à l'air et à l'eau », ne serait évidemment pas ratifiée par l'observation scientifique de nos physiciens. Mais ce n'est pas une raison pour traiter leurs affirmations avec un parfait mépris, et les ingénieurs auraient fait preuve de bon goût en se donnant au moins la peine de discuter avec les chefs de famille et de leur donner raison dans la mesure du possible. Des artistes d'Europe se plaignent bien, et à bon droit, que les chemins de fer de l'Occident, avec leurs hideux remblais, leurs ponts tubulaires et tant d'autres laideurs, ont déshonoré la nature. Pourquoi les Chinois ne se plaindraient-ils pas aussi, surtout s'il est vrai que les constructeurs aient pris un malin plaisir à déplacer ou à renverser les tombeaux et que les dommages-intérêts promis n'aient pas été payés ou se soient égarés en route, pour entrer dans la poche des mandarins et non dans celle des vrais propriétaires! En construisant leur chemin de fer transmandchourien les Russes n'ont eu d'attention que pour la famille impériale: ils ont décrit un détour d'une quarantaine de kilomètres près de Moukden, afin d'éviter la profanation des tombeaux de la dynastie.

Les « Célestes », comme les Anglais les appellent ordinairement par moquerie, peuvent se plaindre et s'irriter aussi de la brutalité avec laquelle tels Européens des ports ouverts au commerce étranger ont l'habitude de les traiter. On a vu des capitaines de navire ne pas même se donner la peine de modifier leur route un instant quand ils risquaient de couper en deux une barque de Chinois : les « Jaunes » ne comptaient pas pour eux. Récemment, lorsque de graves maladies contagieuses éclatèrent parmi les travailleurs du chemin de fer de la Mandchourie, les ingénieurs russes, imbus des théories de l' « élimination darwinienne », se conformèrent à leurs principes avec une rigueur qu'ils n'auraient certainement pas osé appliquer à des malades européens. Ils condamnèrent à la fusillade les malheureux Jaunes atteints de la pestilence ou soupçonnés de l'être. Le procédé était à la fois expéditif et décisif. Toutefois l'exécution ne se fit pas avec toute l'élégance désirable, car, un grand nombre de suspects ayant réussi à s'enfuir, il fallut les poursuivre à coups de fusil à travers les fourrés, les traquer comme des renards et des loups. Les « êtres inférieurs » de la contrée ne semblent pas avoir compris la haute supériorité de cette méthode scientifique et ne voient plus dans les Russes que de hideux bourreaux. De même, les officiers et les fonctionnaires allemands de Kiao-tcheou sont cordialement détestés dans le Chañtoung, quoi qu'en disent les rapports officieux, d'après lesquels « les Chinois apprécieraient fort les bienfaits de la sage administration venue expressément de l'Ouest Extrême pour assurer leur bonheur ». Des correspondances privées ont même affirmé que des outrages subis par des Chinois dans le port allemand auraient été la cause immédiate de l'explosion révolutionnaire qui vient de se produire dans la Chine du nord.

Quoi qu'il en soit, toutes les insultes, tous les sévices dont les indigènes ont eu à souffrir de la part des Européens, — pourtant bien peu nombreux par rapport à la foule immense des « Enfants de Han (1) » — ont produit un effet cumulatif, et soudain la haine a voulu ses victimes. Les « Boxeurs », « Grands Couteaux », ou « Poings Triomphants », de quelque nom qu'on les nomme et quelle que soit d'ailleurs leur organisation secrète, sont tout simplement les Chinois offensés que rattache les uns aux autres un esprit commun de vengeance contre les « diables étrangers ». Malheureusement pour eux, ils ne sont point unis par une volonté précise, et, suivant les sectes et les lieux, ils obéissent à des politiques divergentes; en outre, ils semblent s'être laissés entraîner au service d'ambitions personnelles. Les dissensions entre Mandchoux et Chinois, entre princes et princes, ont privé le mouvement du caractère national sans lequel il lui est impossible de réussir. Sans doute, la con-

(1) Européens résidant dans les ports à traité, en 1898 .... 13.421
— — — — 1899 .... 17.193
— — dans toute la Chine, en 1899 .... 20.000

juration avait dû être fort ingénieusement conçue ; on avait su préparer secrètement les ressources militaires, emplir les arsenaux, exercer militairement les hommes, en faire même d'adroits tireurs et des canonniers « surprenants » ; mais le grand défaut de l'entreprise provenait justement de ce qu'elle avait d'artificiel, de dynastique et de militaire ; les masses profondes de la nation devaient par cela même ne s'y intéresser que de loin, et, si ce n'est peut-être en Mandchourie, nul soulèvement spontané n'a soutenu l'insurrection des Boxeurs. Le mouvement s'est localisé dans les environs de Péking et dans le nord de l'empire, c'est-à-dire en dehors de la vraie « Fleur du Milieu », les intrigues de cour ayant fait dévoyer la révolution loin de son centre naturel. Dès que Nanking, Hankeou, Canton ne répondaient pas d'enthousiasme au signal venu du nord, la cause était inévitablement perdue pour les nationalistes, à moins de quelque grosse folie commise par les puissances étrangères, car Péking n'est point la capitale vraie de l'empire : elle n'est que la citadelle avancée de la dynastie mandchoue et les Chinois purs la regardent presque comme une ville étrangère.

Mais que dire de l'intelligence et de la prétentieuse sottise des diplomates européens, de tous ces « gens de carrière » qui se pavanent si majestueusement en bombant leur poitrine constellée de croix en pierres précieuses et en émail ! On comprend bien que l'opinion publique ait vu dans la mort soudaine du ministre russe Mouravieff le fait d'un suicide, plus que justifié par l'ignorance et l'incurie dont ce personnage avait fait preuve, comme la plupart de ses collègues en diplomatie d'ailleurs. Evidemment ces beaux messieurs en frac doré n'avaient pas eu la prescience des faits qui devaient s'accomplir, ils n'avaient pas su se rendre compte des préparatifs de guerre qui se faisaient sous leurs yeux ni même su lire les rapports qu'ils recevaient de leurs agents, à moins que, circonvenus par tous les gens d'affaires, ils n'aient été obligés de marcher en désespérés vers le gouffre. Ils étaient lancés dans les entreprises de mines et de chemins de fer et la pression exercée sur eux était si forte qu'il leur était impossible de reculer. Ici, dans les banques d'Europe, le partage des bénéfices était fait d'avance, et l'on croyait pouvoir disposer du territoire et des hommes comme s'ils étaient asservis.

Peut-on concevoir, par exemple, que la Grande-Bretagne se fût jetée dans la redoutable guerre de l'Afrique australe si elle avait prévu qu'elle aurait besoin de la libre disposition de sa flotte et d'une puissante armée dans l'Extrême-Orient ? Ce manque de prévision ne doit-il pas être considéré comme sottise pure, alors qu'une expérience de soixante années dans la politique chinoise aurait dû révéler à l'Angleterre le danger au-devant duquel elle s'élançait d'un cœur aussi « léger » que celui des Ollivier de funeste mémoire ? N'est-ce pas le cas de répéter ici le fameux dicton : *Quantulum sapientiæ!*..... Là où des Européens avisés auraient dû agir grâce à leur connaissance des choses et des hommes, ils n'auront d'autre ressource que de procéder par le procédé brutal du sabre et du canon. C'est la « raison des rois », la raison de ceux qui n'en ont pas. Et puisqu'ils ont été si parfaitement ignares pendant la période préparatoire de la révolution chinoise, il est à prévoir qu'ils commettront encore des fautes et des erreurs sans nombre quand ils seront en plein dans le conflit. Nous pouvons nous attendre encore à de terribles drames et à de sanglants désastres causés par l'impéritie de ceux qui représentent la « race supérieure ».

* * *

Pourtant, il faut dire qu'en se plaçant au point de vue purement militaire, qui est bien différent de celui de la justice et de la sagesse, les choses avaient bien commencé. Le travail de « vivisection » avait été entamé d'une main sûre par des chirurgiens habiles. Les Japonais avaient tout d'abord annexé les parties extérieures de l'Empire, celles qui sont, en réalité, une dépendance naturelle de leur archipel et qu'ils dominent facilement par leur puissante flotte. Les Liou-Kieou, la grande île de Formose ne sont, en réalité, que le prolongement géographique de Nippon et de Kiu-Siu, et ce petit groupe des îles Pescadores, si heureusement situé dans le détroit de Fokien pour devenir le Malte des eaux chinoises, ne semble être, sur la carte, qu'un groupe insignifiant d'îlots et de récifs. Entretemps le Japon avait également pris pied sur la terre ferme, au grand effroi de la Russie et des autres puissances européennes. On le fit renoncer provisoirement à ses ambitions d'Etat continental, et tout doucement les cabinets de l'Occident se substituèrent à l'empire du Soleil Levant pour accomplir le dépècement de la Chine proprement dite.

L'Allemagne, toujours très pressée, sous la direction du jeune impérieux qui la représente, fut la première à se présenter sur les tréteaux de la grande comédie.

Depuis longtemps, paraît-il, la prise de possession de la baie de Kiao-Tcheou par les Allemands était chose décidée, et même la Russie avait accordé son consentement, mais il fallait trouver un prétexte, ce qui ne manqua pas. En novembre 1897, deux missionnaires catholiques allemands ayant été tués par des Chinois de l'intérieur, — non sans motifs de vengeance, — le gouvernement de Berlin saisit aussitôt l'occasion favorable, trois vaisseaux de guerre apparurent subitement dans la baie convoitée, comme si l'affaire avait été machinée d'avance, et le Tsung-li-Yamen reçut les demandes, ou pour mieux dire les ordres, en vertu desquels la baie ne devait plus désormais baigner que des plages allemandes, portant des casernes allemandes et servant de point de départ à des chemins de fer et à des télégraphes allemands. Le géographe qui avait fait choix de cette baie et dont l'influence avait prévalu en haut lieu, Ferdinand de Richthofen, avait parfaitement étudié toutes les ressources de ce port excellent, profondeur de l'eau, avantages de l'abri, facilité d'établissement des communications futures, proximité des gisements de houille, production agricole très abondante, et qui plus est, puissance stratégique d'autant plus grande qu'elle est dissimulée. En effet, Kiao-Tcheou n'est pas située sur le golfe de Petchili et ne semble pas menacer directement Péking; mais, placée sur la rive méridionale de la péninsule de Chañtoung, elle paraît, au premier abord, n'avoir d'autre mission guerrière que le rôle, déjà très important, de surveiller les côtes de la Chine centrale jusqu'au

Yangtse ; mais, par ses chemins de fer et ses routes, sa force pointe directement vers l'ouest, c'est-à-dire vers Tsinan, Paoting et Péking ; même les terrains très bas d'un ancien détroit maritime permettront dans l'avenir le creusement d'un canal maritime à grande section qui fera du port de Kiao-Tcheou la véritable entrée méridionale du golfe de Petchili.

Lors de la prise de possession de cette baie, dont on ne saurait exagérer l'importance, tous les diplomates et politiciens d'Europe furent frappés de surprise ; la Russie même parut l'être, mais elle ressaisit vite sa présence d'esprit en réclamant comme une compensation modeste un territoire deux fois grand comme la France, terminé par la formidable « Epée », — c'est le nom de la presqu'île qui borne à l'ouest le golfe du Petchili, — avec sa puissante forteresse de Port-Arthur et son excellent et vaste port de Talien-Wan. Les avantages géographiques et stratégiques de cette position sont d'une si brutale éloquence qu'il parut inutile à la Russie de feindre la modestie. L'énormité du territoire annexé et la valeur des cités qui s'y trouvent, les chemins qui le traversent, assurent d'un coup au profit de l'empire russe un changement d'équilibre politique tel que l'histoire du monde en a rarement constaté. Les conséquences de cette annexion partiellement avouée, reconnue même par l'Angleterre, puisque le consul britannique de Niutchang se plaint au gouvernement chinois par l'entremise des Russes (1), entraînaient fatalement la cession à l'empire russe de toutes les approches de Péking, non seulement en Mandchourie, mais aussi en Mongolie et en Dzoungarie. C'est, en réalité, la moitié du territoire réputé naguère comme appartenant à la Chine que s'adjugeait l'empire Occidental, et si la population y est encore très peu dense, si même certaines régions en sont désertes, des chemins de fer reliant directement la Russie centrale et le Turkestan à Péking donneront un jour à la contrée une vie très active et une importance commerciale de premier ordre.

A ce coup de force l'Angleterre devait tâcher de répondre par un coup non moins hardi ; mais, prise à l'improviste sans doute, elle joua de malheur dans sa réplique. Elle ne trouva rien de mieux que de faire une grossière insulte à son allié le Japon en le forçant d'évacuer le poste fortifié de Weï-Haï-Weï, dans la péninsule de Chañtoung, pour se mettre à sa place. C'était risquer de terribles rancunes dans l'avenir en échange d'un bien mince bénéfice, car Weï-Haï-Weï, qui eût été pour le Japon un pied-à-terre des plus importants en vue des invasions futures, n'est pour l'Angleterre qu'un simple lieu de relâche maritime, sans grande force d'attaque contre la Chine, puisqu'à l'intérieur du golfe la grande forteresse de Port-Arthur se trouve entre les mains de la Russie : M. Walton dit que ce port de Weï-Haï-Weï n'a d'autre valeur que comme cadeau futur à l'empereur d'Allemagne (2). Pour donner plus de corps à ses exigences, la Grande-Bretagne fit également ajouter par la Chine un petit lambeau de territoire à l'annexe qui fait face à Hong-Kong sur la terre ferme, mais sans même demander

(1) Joseph Walton, *China and the Present Crisis*, p. 18.
(2) Même ouvrage, p. 73.

une limite naturelle pour la nouvelle frontière(1); enfin, elle murmura quelques phrases imprécises au sujet de ses revendications sur tout le bassin du Yangtse-Kiang comme future « sphère d'influence » britannique. Certes, cette vallée fluviale eût été un bien gros morceau, une Inde nouvelle avec plus de cent cinquante millions d'habitants! Mais des paroles n'ont guère de poids dans l'immense imbroglio de la diplomatie chinoise, et, tandis que l'Angleterre parlait de sa suprématie sur le grand fleuve, une compagnie franco-belge — c'est-à-dire réellement russe au point de vue politique — se faisait concéder le port de Han-Keou, vrai centre commercial de la « Fleur du Milieu », comme point de convergence de ses chemins de fer.

La France, qui a déjà dans l'Indo-Chine plus de territoires qu'elle ne peut en gérer fructueusement, ne pouvait manquer de réclamer aussi sa part, et, dans le voisinage du Tonkin, elle se fit octroyer un port, Kouang-Tcheou, qui, vu de Paris, fait assez bien sur la carte; néanmoins il fallut le conquérir, égorger des Chinois et planter des têtes sur les remparts pour symboliser la civilisation supérieure que ne manque pas d'apporter avec elle la « fille aînée de l'Eglise ». L'Italie fit aussi mine de prendre un morceau, mais elle avait mal calculé son jeu, ou bien elle avait à tort compté sur des alliés puissants; et de cette aventure elle n'a retiré que la honte d'avoir mendié, sans l'obtenir, une des miettes qui tombaient de la table du festin.

Maintenant tout se retrouve mis en question. Ce premier partage sera-t-il ratifié par le destin? Il semblerait, à lire les dépêches échangées entre les cabinets, que les Etats cherchent actuellement à se défendre de toute ambition conquérante : ils ne parlent que de la pureté de leurs intentions, de la sincérité de leur conduite; ils disent ne pas éprouver la moindre pensée de concupiscence, tant ils ont à se faire pardonner leur imprévoyante avidité des dernières années! Mais si les Chinois sont à juste raison accusés de fourberie et de duplicité, les Européens, instruits par l'expérience, se soupçonnent mutuellement de ne guère mieux valoir que les Asiatiques par l'or de leur parole, et de part et d'autre on se demande : « Quels mensonges se cachent sous toutes ces belles promesses du voisin et allié? »

Toutefois, de par la force des choses, il est incontestable que deux des puissances intéressées ont, en comparaison des autres, un rôle tout à fait prépondérant. On attend d'elles une part d'effort exceptionnelle et naturellement on leur attribue comme récompense à venir une somme d'avantages spéciaux, en terres, contributions de guerre ou monopoles. Ces deux puissances, en effet, sont l'une et l'autre limitrophes de l'empire Chinois: l'une seulement par les eaux qui baignent ses îles, l'autre par une frontière commune se développant sur des milliers de kilomètres. Par la simple force des attractions, les Japonais et les Russes semblent donc prédestinés à l'héritage de l'immense empire qui les avoisine. La Grande-Bretagne a beau posséder les deux tiers du mouvement des échanges avec la Chine, elle n'apparaît plus maintenant qu'en rang secondaire, et, consciente de son rôle effacé, elle a

(1) Même ouvrage, p. 169.

désormais pour grand souci de pousser les Japonais en avant, afin d'éviter la prépondérance des Russes : oublieuse de l'insulte qu'elle fit au Japon en lui dérobant Weï-Haï-Weï, elle rachète la grossièreté d'hier par ses obséquiosités d'aujourd'hui.

Cependant, les deux champions spécialement indiqués pour représenter le monde entier contre la Chine sont des alliés quinteux et jaloux : ils ont entre eux de grosses pommes de discorde, la péninsule de Corée notamment. Chacun des deux Etats a, comme Robert Macaire, les meilleures raisons pour dire : « Cette terre est à moi ! » Le Japon nous montre que cette admirable presqu'île peut être vraiment considérée comme une île faisant partie de son bel archipel du « Soleil Levant ». Comparable à l'Italie, elle est également bornée du côté de la terre ferme par un amphithéâtre de montagnes neigeuses ; elle se projette nettement en dehors de la masse du continent asiatique, et d'ailleurs n'a-t-elle pas appartenu au Japon dans les temps anciens ? Les droits historiques n'en font-ils pas l'annexe nécessaire de l'antique métropole insulaire ? De son côté, la Russie ne voit dans la Corée qu'une simple enclave de ses futurs territoires mandchoux. N'y a-t-il pas continuité de côtes entre la forteresse de Vladivostok et celle de Port-Arthur, et les comptoirs ne s'échelonnent-ils pas naturellement entre ces deux points militaires extrêmes ? De part et d'autre les arguments se valent donc ; aussi les deux puissances, tout en stipulant l'indépendance absolue de la Corée, n'en exercent-elles pas moins, depuis cinq ans, une sorte de *condominium*, entrecoupé de conspirations et de tueries, dans lesquelles les deux gouvernements respectifs sont censés n'avoir été coupables d'aucune complicité.

Il fut un temps où l'Angleterre, entourée d'un plus grand halo de prestige qu'elle ne l'est aujourd'hui, avait aussi des ambitions dans la mer de Corée, mais la dure nécessité des temps l'oblige à se faire modeste : elle ne réclame plus l'île Quelpaert ni aucun autre poste maritime pour commander le détroit ; ainsi, même au point de vue maritime, elle cesse d'entonner l'hymne de *Rule the Waves;* elle se borne maintenant à choisir parmi les deux maux celui qu'elle redoute le moins : elle favorise le Japon par crainte de la Russie, mais elle n'est pas absolument sûre de la sagesse de sa politique en cette affaire. Les Japonais ne sont-ils pas des « Jaunes » comme les Chinois, et, si on leur donne comme mission spéciale d'être les champions de la civilisation européenne, représentée surtout par l'Angleterre et par son principe commercial de la « porte ouverte », n'accepteront-ils pas ce mandat avec une « face européenne » pour l'accomplir avec une « face asiatique » ? Le temps ne viendra-t-il pas où, solidement campés en Chine, ils feront alliance avec les masses innombrables des autres « Jaunes » et, renversant les rôles, se retourneront contre leurs alliés de la veille, contre la tourbe des envahisseurs occidentaux, pour essayer de « refermer les portes de l'Orient ».

Les soupçons, les jalousies réciproques, tels sont les sentiments que les puissances alliées ne peuvent manquer d'apporter les unes contre les autres pendant le cours de leur campagne. Chacune d'elles ne saurait faire autrement que de conserver les traditions de la politique passée et les ambitions anciennes. Le Japon fut arrêté brusquement dans son œuvre de conquête, il y a cinq années. Est-il croyable ou possible même qu'il n'ait point gardé de rancune contre ceux qui l'humilièrent ainsi? L'ours de Russie étendait doucement sa patte velue vers Péking pour substituer le pouvoir du « tsar blanc » à celui du « tsar jaune ». Peut-on s'imaginer avec une ombre de raison que cet ours têtu ne suivra plus son instinct et qu'on pourra lui faire oublier sa proie chinoise, alors que depuis Pierre le Grand il n'a pas un seul instant négligé son autre proie, celle de Constantinople? Et l'Angleterre, la France, peuvent-elles mentir à leur constante politique, la première dirigée par ses industriels et ses banquiers, la deuxième inspirée surtout par ses Révérends Pères? Enfin l'Allemagne, qui par la voix de son grandiloquent empereur annonça naguère au monde qu'elle brandissait contre la Chine son « poing ganté de fer », consentira-t-elle à se conduire désormais sans forfanterie ou même sans cruauté? Guillaume a répondu en recommandant à ses preux d'imiter les Huns d'Attila et d'être à leur tour des « fléaux de Dieu ». Et récemment les militaires japonais, auxquels des professeurs européens avaient enseigné le droit des gens, ont été stupéfaits en voyant comment les soldatesques européennes se conforment à ces beaux préceptes d'humanité!

Quelles que soient les intentions secrètes de chacune des puissances intéressées, celles-ci sont entraînées par les circonstances dans une pléïade d'événements qu'elles ne connaissent point : il faut qu'elles agissent de concert, comme poussées par le *fatum*. L'alliance est forcée, car le danger imminent l'impose. C'est là un fait d'ordre capital, tel que le monde n'en vit jamais. « Rien de nouveau sous le soleil », aiment à répéter les bons routiniers avec le pessimiste de l'*Ecclésiaste*. Ils se trompent, comme le bonhomme se trompait avant eux. C'est bien du nouveau que nous voyons aujourd'hui, cette ligue de tout le monde civilisé, de l'Amérique au Japon, en vue d'un intérêt commun à tous les peuples de la Terre! Pour la première fois depuis que se déroule l'histoire des hommes, se présente un ensemble de faits qui par sa nature est absolument mondial, et qui met en mouvement des hommes de toutes les parties de l'univers. On disait que la Révolution française n'avait pas eu d'anniversaire à la fin du siècle qui l'a suivi! Mais le voici, le jubilé! La Révolution française avait proclamé les « Droits de l'Homme », mais d'une manière purement théorique, puisqu'elle connaissait seulement les hommes d'un petit coin de terre, et maintenant la question se pose pratiquement sur la planète entière : tout le genre humain se trouve ébranlé parce que les Droits de l'Homme n'ont pas été respectés sur les bords du Pei-ho. C'est là un événement d'une incalculable portée dans l'histoire, et les diplomates auraient tort de s'imaginer que, dans ces grandes ondulations des peuples, leurs petites roueries et leurs finesses pourraient avoir quelque vertu.

*
* *

Des optimistes qui croient encore dans la providence des Etats, après avoir cessé de croire à celle du bon Dieu, se laissent aller à célébrer la constitution des « Etats-Unis d'Europe et du Nippon » à propos de cette démonstration collective des puissances dites civilisées contre les gouvernements panarchiques et mystérieux de la Chine.

A ce propos, ils aiment à nous citer les événements de la Crète comme un précédent de nature à nous encourager dans cet espoir. Hélas ! en admettant que la formation d'Etats-Unis puisse être désirable dans les conditions actuelles, alors que les nations seraient représentées par des personnages à volonté absolue, par des maîtres omnipotents tels que Guillaume II et que Nicolas II, on peut se demander également si l'exemple de la Crète n'est pas précisément celui qu'il faudrait citer comme le plus caractéristique en fait de fourberie, de lâcheté et de bassesse! Que fut cette affaire en somme, si ce n'est la plus honteuse des comédies, une représentation scénique vraiment ignominieuse, dans laquelle les figurants étaient des malheureux Grecs, Turcs, Albanais, Crétois, que l'on abattait avec de vraies balles et que l'on charcutait en de vrais hôpitaux? Tout avait été machiné d'avance. Le prince Georges avait été désigné pour devenir le souverain de la Crète : il fallait le payer du coup de poing, de bâton ou d'épée qu'il avait reçu à la place de son impérial compagnon dans sa visite à Tokio, mais il eût été trop simple de le nommer d'emblée et de le placer sur son trône sans cérémonies préalables. On accomplit donc ces rites guerriers, qui consistèrent à faire s'entre-heurter les Grecs et les Turcs dans les plaines et sur les montagnes de la Thessalie. Le plan fut admirablement exécuté, et les Garibaldiens aux chemises rouges furent même entraînés dans cette figuration scénique : il y eut naturellement de part et d'autre un grand déploiement de valeur, et l'honneur du Sultan fut proclamé sauf. On gagna beaucoup d'argent à la Bourse et l'on se félicita mutuellement; le tour était joué. Et ce sont là les sanglantes farces qu'on ose nous rappeler comme l' « annonciation » des Etats-Unis d'Europe ! Puissent-ils plutôt, ces Etats de malheur, rester à jamais séparés! C'est dans les masses profondes, par un acte spontané des peuples libres que doit se préparer la grande confédération des hommes. Sinon, non!

Ainsi n'en doutons point : rien de bon ne sortira de l'alliance forcée des puissances « européennes » contre la Chine. Elles se jalousent et se soupçonnent : de ces sentiments haineux ne sortira point l'union. Forcées de s'allier temporairement, elles atteindront certainement leur objectif militaire, qui est d'occuper Péking, comme elles viennent d'occuper Tien-Tsin. Il n'est pas douteux que des armées solides et bien encadrées, pourvues d'un complet outillage de campagne et de tuerie, accompliront, et malheureusement au delà, l'œuvre de rétaliation et de vengeance dont elles seront chargées. Mais après la paix de Péking, après l'occupation des stations brûlées par les Boxeurs et de quelques points stratégiques rapprochés de la côte, quand il faudra prendre des résolutions fermes engageant l'avenir, les puissances auront certainement une préoccupation capitale, celle de s'empêcher mutuellement de retirer trop d'avantages de leur intervention commune, et toutes trouveront de savantes combinaisons avec l'ennemi contre l'ami. Ainsi l'on s'arrangera de manière à priver l'Angleterre du monopole commercial dont elle avait pratiquement joui jusqu'à nos jours; on prendra soin également d'enlever à la France le protectorat religieux qu'elle s'arrogeait sur les missions catholiques, et l'on tâchera de circonvenir l'impétueuse Allemagne pour qu'elle fasse moins de besogne que de bruit. Quant aux deux principaux rivaux, le Japon et l'Empire russe, il faudra bien leur laisser le champ libre, l'un et l'autre ayant une force d'expansion trop grande pour qu'on puisse essayer de la comprimer par la diplomatie.

Quoi qu'il en soit, c'est un fait des plus heureux pour l'humanité que la Russie sorte profondément humiliée de cette aventure. Depuis quelques années son allure était d'une arrogance sans pareille. Sa mainmise sur la Mandchourie avait été presque sans exemple comme fait de rapacité hypocrite. Si pareille perfidie n'avait pas été punie de manière ou d'autre, de nouvelles infamies du même genre seraient vraiment devenues trop faciles : on se serait trop facilement accoutumé de par le monde à se prosterner devant le tsar et à le saluer d'avance comme le futur maître du genre humain. Cette redoutable puissance moscovite a déjà tant d'avantages matériels dans sa concurrence vitale pour la domination ! L'accès des steppes et des plateaux intérieurs lui appartient d'avance ; toutes les routes de l'Asie centrale par la Mongolie, par la Dzoungarie, par les cols du Thianchañ et des Pamir commencent sur son territoire et lui assurent d'avance le grand trafic transcontinental ; les peuples mêmes qu'il vient de soumettre, Turkmènes, Khirgiz, Mongols, lui fournissent comme soldats, une « matière humaine » incomparable. Tout semblait prêt pour l'asservissement universel ; et jusqu'en Europe, une République dont les citoyens prétendent« marcher à la tête de la civilisation » et qui possède en effet parmi les siens quelques-uns des hommes les plus nobles et les meilleurs, s'avilit de son mieux par ses flatteries et ses prosternements.

Le « péril jaune » n'était point là où tant d'historiens l'ont cherché. Certes, nous n'avons pas à craindre que les Chinois débordent sur le monde en un torrent de conquête, comme autrefois les Huns et les Mongols ; nous pouvons aussi écarter comme partiellement illusoire l'idée que les Orientaux d'Asie dépouilleront un jour l'Europe de son industrie par l'avilissement des salaires ; mais il était certainement à redouter que la Russie ne recrutât des dizaines et des centaines de millions de nouveaux sujets parmi ces gens pacifiques et doux qui peuplent la lointaine Asie. Quel effroyable recul pour le monde si l'empire des tsars eût réussi dans l'œuvre d'annexion lente qu'il cherchait sournoisement à réaliser, tout en hypnotisant l'Europe par des paroles de paix ! Ce même gouvernement, qui se parjure si effrontément envers les Finlandais et qui se débarrasse si bien des Arméniens gênants en les faisant exterminer par le « Sultan Rouge », n'avait certes point de scrupules à la pensée d'employer un jour contre l'Europe tout ce monde de Mongols, de Mandchoux et de Chinois. Que de fins diplomates, que de fonctionnaires dévoués, que d'admirables soldats, que d'ouvriers dociles n'eût-il pas trouvé dans cet immense atelier d'hommes ?

Mais toutes ces belles combinaisons ont momentanément échoué, ou, du moins, l'accomplissement en a été retardé pour des années. Le prestige est rompu ; même les Chinois ont eu l'audace imprévue de canonner Blagovestchensk par-dessus le fleuve Amour et de couper irrévérencieusement les communications, de brûler des ponts, d'enlever et de tordre les rails. Malgré leur jactance, les généraux russes ont été réduits à la défensive, et leur fameux chemin de fer transsibérien, qu'on nous a tant vanté comme la merveille des merveilles, s'est trouvé n'être qu'un casse-cou aux ponts branlants et aux rails gondolés, sur lesquels, en interrompant le trafic normal, on peut transporter au plus deux mille hommes par jour ; là également, comme dans tous les Panamas modernes, les grands industriels et les banquiers ont fait leurs orgies de millions. Les Russes, tout en se disant prêts, ne l'étaient aucunement, et dans leurs opérations contre Tien-Tsin et Péking ils ont dû quand même n'arriver qu'au second plan, après leurs amis détestés, les Japonais ! C'est là devant l'histoire un indiscutable échec, et nous croyons que, dans l'intérêt de l'humanité, il convient de s'en réjouir.

Sans doute, les Moscovites tireront vengeance de leurs déconvenues, mais ils ont été arrêtés dans leur marche. Ils ont perdu un temps précieux et les occasions favorables ; la Chine s'est ressaisie, en montrant à l'Europe que, elle aussi, elle peut se renouveler, s'accommoder au milieu, du moins en matière de combats, et qu'elle sait se procurer des canons Krupp, en fabriquer même, apprendre à s'en servir. Les Célestes seront d'autant plus respectés dans l'avenir qu'ils se seront mieux défendus. On les traitait de « quantité négligeable », mais ils existent bel et bien, et l'on devine qu'à des échéances prochaines cette mer d'hommes pourra se soulever pour engloutir ses assaillants. On triomphera des armées, mais que faire à la longue contre la volonté tenace, contre l'opinion unanime de trois ou quatre cent millions d'hommes ?

En tous cas, le moment est passé de jouer au plus fin. Certes les diplomates européens apprennent assidûment l'art de mentir, mais à cet égard ils ont trouvé leurs maîtres : car les Chinois savent pousser l'art du mensonge jusqu'au génie. On affirme souvent que la mentalité et la moralité des races diffèrent essentiellement et que jamais Européens et Chinois ne se comprendront. C'est une erreur. Tant qu'ils chercheront à se tromper mutuellement, ils seront différents, en effet ; mais, quand le jour viendra où de peuple à peuple on s'occupera des intérêts communs pour les traiter en toute justice et droiture, quand de part et d'autre nous serons débarrassés de nos menteurs officiels et de nos parasites de toute espèce, quand nous aurons enfin le bonheur de nous dire la vérité les uns aux autres, il sera facile de nous entendre. Ce sont les mensonges qui nous divisent ; seule la vérité nous unira.

Élisée Reclus.

12 août 1900.

Tours. — Imp. Deslis Frères, rue Gambetta, 6.

www.ingramcontent.com/pod-product-compliance
Ingram Content Group UK Ltd.
Pitfield, Milton Keynes, MK11 3LW, UK
UKHW012313240726
13966UKWH00005B/1845